ESSAI HISTORIQUE

SUR LA CONQUÊTE

DE L'ITALIE.

PAR J. DIACON,

Commis au ministère de la Guerre.

A PARIS,

Chez VENTE, Libraire, boulevard des Italiens
N°. 540, près la rue Favart ;

Et chez tous les Marchands de Nouveautés.

AN 10. — 1802.

ESSAI HISTORIQUE
SUR LA CONQUÊTE
DE L'ITALIE.

M'APPARTIENT-IL d'oser faire retentir la trompette héroïque, de chanter les brillans exploits des conquérans qui ont illustré ma patrie?

Quelles expressions peindront jamais les fureurs de la guerre, et pourront, à des héros, couverts de gloire, rendre l'hommage qui leur est dû?

Dieu des combats, inspire-moi!.... Mars! embrâse mon imagination, porte dans mes sens une étincelle du feu de ton génie! Fais naître dans mon ame ce noble enthousiasme qu'inspirent les actions éclatantes!

D'un vol rapide, la renommée parcourait le globe; elle annonçait à l'univers étonné la guerre dont la France était le théâtre sanglant.

Elle publiait avec orgueil l'immortalité du nom français.

Déjà le vainqueur de Fleurus avait porté nos drapeaux sur la Sambre; Cobourg fuyait, la Hollande était envahie : vaincus par Dugomier, les Castillans demandaient la paix, et l'héritier de la couronne du grand Frédéric avait posé les armes; l'armée d'Italie seule était inconnue aux deux hémisphères.

Les Alpes, dont le sommet glacé se perd majestueusement dans l'espace, semblaient être un rempart impénétrable à l'homme; mais si les Carthaginois, sur les pas d'Annibal, s'y sont ouvert des passages si , avant eux , nos intrépides-ancêtres s'y étaient frayé des chemins ; si l'Italie a été saccagée , malgré la barrière que la nature a mise pour la préserver des malheurs de la guerre , pourquoi les descendans de Brennus craindraient-ils d'entreprendre ce qu'ont exécuté leurs ayeux et les mercenaires de Carthage ?

Au calme de la paix succède l'agitation des batailles.

Des sources du Rhin , au-delà du Vésuve , tout est en armes , tout retentit du bruit de la guerre.

Là , des milliers de Piémontais gardent les Alpes, qui se croient en sûreté , défendues par les plus braves soldats de l'Italie. Ici , les Génois , les Vénitiens, ont combiné leurs moyens ; ils garantissent et Venise et la Ligurie. L'oriflamme de Saint-Marc se promène sur l'Adriatique. Les courageux Tyroliens n'imaginent pas que leurs formidables remparts soient jamais forcés. Vingt mille Hongrois , l'élite de l'armée allemande , marchent à la tête des phalanges autrichiennes. La Transylvanie , la Bohême et la Franconie ont fourni leurs nombreux escadrons. Les troupes napolitaines , grossies par les bataillons toscans et romains , suivent l'aigle impérial.

Le conseil aulique dirige cette redoutable armée.

Beaulieu la commande.

L'anglais , maître des mers qu'il couvre de ses vaisseaux , nous ferme la Méditerannée.

La valeur qui caractérise ces nations guerrières, augmente la sécurité de l'orgueilleuse coalition.

Tout présage le triomphe de l'Europe conjurée contre la France ; tout annonce la destruction de la République.

L'armée française comptait à peine vingt mille

hommes ; elle luttait, avec courage, contre des armées innombrables qui menaçaient de l'écraser. Après avoir obtenu de légers succès, elle se reposait sur la défensive, sans oser prétendre aux faveurs de la victoire.

Cet assoupissement eut duré longtemps, si un héros, toujours victorieux, n'eut succédé aux chefs qui abandonnaient les Français dans cette léthargie incompatible avec leur fougueux caractère ; mais nul n'avait montré la pénétration profonde qu'ont les grands génies, concevant des idées supérieures qui font naître les événemens, et donnent des résultats extraordinaires ; nul n'avait cette imagination brûlante créant des combinaisons hardies qui décident du sort des peuples et des rois : ils manquaient tous de cette énergie qui rend intrépide dans le danger, et que le vulgaire pusillanime appelle témérité.

Le génie protecteur des destinées de la France, indique le héros qui doit lui ramener le bonheur en lui donnant la paix.

Hommage te soit rendu île à jamais célèbre où naquit le libérateur de l'Italie

Bonaparte quitte les rives fleuries de la Seine pour s'élancer dans la périlleuse carrière de la gloire.

Il arrive au camp des Français !

O ! surprise ! ô ! crime ! Les légions républicaines sont abandonnées aux horreurs de la misère ! Ces généreux guerriers souffrent sans se plaindre : ils attendent le signal des combats pour réaliser les espérances de leur ingrate patrie.

Pénétré de douleur, *Bonaparte* prend l'engagement solemnel de faire cesser les calamités de l'armée. Il dit : « Vous êtes dénués de tout, l'abondance

» est dans les camps ennemis. Vous avez des armes,
» c'est assez ; marchons ! . . . . Dans peu de jours vous
» serez heureux ! Vous dissimuler les obstacles que vous
» avez à surmonter, serait trahir la confiance que je
» dois vous inspirer. Soldats ! vous aurez des privations
» à éprouver, des fatigues à endurer : supportez tout
» avec constance et vous serez vainqueurs ! Imitez votre
» général, je partagerai vos peines et vous associerai à
» ma gloire. Je parle à des Français ; il est inutile de rap-
» peler à votre dévouement la cause sacrée pour laquelle
« vous allez combattre. Souvenez-vous des guerres que
» soutinrent les Grecs rassemblés en petit nombre sous
» l'invincible étendard de la liberté : les Perses arrêtés
» dans leur marche, vaincus dans des batailles et chassés
» du Péloponèse, que ces barbares asiatiques venaient en-
» vahir. Rappelez-vous ces Macédoniens, que le cou-
» rage et la discipline conduisirent de conquêtes en
» conquêtes jusques dans l'Inde qu'ils soumirent. Voyez
» l'aigle romaine partout victorieuse, Carthage détruite,
» l'Afrique subjuguée, l'Asie recevant des lois de Rome,
» les Gaules et la Germanie ses tributaires, l'univers
» trembler à l'aspect de ses légions, et les nations
» asservies obéir aux décrets émanés du Capitole. De
» toutes parts s'offrent à vous les campagnes fécondes
» de l'heureuse Italie. Là, croissent les lauriers, sim-
» bole de la gloire à laquelle vous aspirez : l'hon-
» neur vous commande, la victoire vous appelle. . . . !
» suivez mes pas. . . . ! marchons à l'immortalité. . . . ! »

L'armée applaudit. Un cri de joie se fait entendre. De
la cime glacée des Alpes au fond de la brûlante Calabre
les airs en retentirent ! Les échos le répétèrent à l'ennemi qui en tressaillit de terreur !

Bonaparte pénétré du sentiment de sa force s'élève, sur les ailes du génie, au-dessus des règles de l'art militaire.

Il a tout prévu pour ses vastes desseins.

Massena, *Vaubois*, *Serrurier*, guident les colonnes confiées à leur courage.

Gardanne, marche vaillamment à la tête des grenadiers.

Murat commande la cavalerie.

L'artillerie est dirigée par l'*Espinasse*.

L'élève de Wasington (1), le savant *Berthier* est chef du Conseil. La nuit il médite avec *Bonaparte*, le jour il combat à sa droite.

Dès l'aurore le bruit de la guerre se fait entendre !

La trompette mêle ses sons belliqueux au roulement des tambours.

Les chevaux hennissent : l'œil en feu, la bouche écumante, ils semblent annoncer leur impatience de seconder l'ardeur dont l'armée est embrâsée.

Les soldats se rangent sous leurs drapeaux.

Tous brûlent de combattre.

Le canon tonne !

A ce signal l'armée s'ébranle !

Elle franchit les Alpes !

Son attaque a la célérité de l'éclair !

Semblable à un orage dévastateur, elle entraîne tout ce qui se présente sur son passage.

Les grenadiers avancent en silence : le nombre n'étonne pas ces courageux guerriers, unis par la gloire,

---

(1) Le général *Berthier* a fait la guerre dans les quatre parties du globe.

leur phalange indomptable pénètre partout : partout ils portent l'épouvante et la mort !

L'airain s'échauffe ! Des milliers d'esclaves sont moissonnés !

Les Français armés de leurs irrésistibles bayonnettes, rompent les rangs de l'ennemi.

L'infanterie, presse, renverse, tue ! Elle ouvre un chemin à la cavalerie qui achève de tout exterminer.

La terre est jonchée de cadavres ! ....

La terreur précède l'armée française !

Les bords du Tesin, les redoutes de Pavie présentent de trop faibles obstacles.

Les allemands s'épouvantent ! *Beaulieu* tente de les rassurer : forcés de céder à un choc qu'ils ne peuvent soutenir, ils fuyent de toutes parts.

Alexandrie se rend, Tortone ouvre ses portes, Turin s'allarme, Amédée demande la paix.

Les terribles batailles de Milesimo de Mondovi sont le prélude de batailles plus sanglantes encore.

Provera concentre ses forces.

Il prétend disputer le passage du Pô à l'armée française.

Le bronze tonnant embrâse l'athmosphère. Le fer et le plomb volent dans les airs, ils répandent au loin les mutilations et la mort !

Laharpe reçoit le coup fatal !

Stingel tombe !

Les Français outragés ne connaissent plus que la vengeance.

La charge bat !

La victoire se range sous les drapeaux républicains ! Ils se font jour à travers les épais bataillons de l'ennemi !

Le fleuve est passé !

Parme est mise à contribution, Crémone capitule, toute la Lombardie pose les armes, Gênes, Modène et Milan reçoivent les vainqueurs.

Bonaparte triomphe !

L'armée française animée par sa vaillance est invincible.

Il poursuit le cours de ses conquêtes !....

Mais quels sons aigus se font entendre ?

L'effrayant tocsin bourdonne dans les airs : quel sinistres évènemens nous présage son tintement morne et lugubre ?

Dans l'enceinte sacrée des cloîtres la trahison s'organise, et la sédition fermente dans le silence du crime.

Le massacre des Français est juré !

Déjà plusieurs sont poignardés !!....

Les assassins ne respectent rien : les perfides violent l'asyle où s'est retirée l'humanité souffrante ! Barbares ! Ils assouvissent leur haine sanguinaire sur des blessés, sans force, qui attendent la mort dans les angoisses de la douleur !

Bonaparte frissonne d'horreur ! « *Malheur* ! s'écrie-t-il, malheur ! aux lâches qui n'ayant pû nous vaincre nous assassinent ! Le fer qui les a domtés saura les punir ! Français ! vous serez vengés ! les traîtres périront !* »

Il dit, et les séditieux n'existent plus !

Cependant l'armée ennemie recevait de nouveaux renforts : elle semblait reprendre l'avantage lorsque le combat de Lonado lui arracha les lauriers cueillis dans le Tyrol.

L'Allemagne épouvantée du sort qui la menace tente un dernier effort.

A des armées détruites succèdent des armées plus nombreuses.

Wurmser en prend le commandement.

Cet habile général, fier de combattre *Bonaparte*, déploye les terribles secrets de l'art de la guerre : inutiles secours ! Les destins ont prononcé : leurs arrêts sont irrévocables.

Les légions impériales, partout assaillies, succombent dans les champs de Roveredo.

Après avoir abandonné Trente, cédé au Pont de Lavis, traversé les gorges de la Brenta, *Wurmser* déconcerté, fuit son vainqueur et l'admire : il se renferme dans Mantoue avec les débris de ses armées.

Bonaparte l'assiège.

Si l'inconstante fortune n'en rafermit les fondemens, c'en est fait du trône des Césars.

Alvinzi rallie les restes épars des armées autrichiennes. Téméraire ! Il conçoit l'espoir d'arrêter les Français dans leur course triomphante ! il ose les attaquer ! Il est défait : on le poursuit jusqu'à Vicence.

A Arcole, *Bonaparte* ranime le courage des guerriers intimidés.

Il rafermit les colonnes ébranlées.

Un déluge de feu répand partout la mort ! *Verne* a succombé ! *Robert* l'a suivi dans la nuit éternelle ! Les héros sont frappés par la parque hommicide ! . . . .

L'armée incertaine s'arrête !

Un moment elle recule !

Ce pas rétrograde irrite *Bonaparte* ; il s'écrie ! *Vainqueurs de Lodi ! Suivez votre général.* ! . . . . . il avance ! . . . .

L'armée reste immobile ! . . . .

Le sabre à la main l'intrépide *Augereau* se précipite

au centre du danger, et y porte le drapeau français! *C'est ici*, dit-il, *qu'il faut vaincre ou monrir* ! Ces paroles prononcées avec l'accent de la valeur électrisent les soldats, honteux d'avoir hésité : ils s'élancent sur l'ennemi!

Alors le carnage devient affreux !

La victoire couronne les républicains : dans cette journée célèbre elle les comble de faveurs.

Le sort de l'Italie est décidé, c'est vainement qu'*Alvinzi* prépare à Rivoly une inutile résistance. *Alvinzi* les siens sont foudroyés !....

Forcés de céder à l'impétueuse valeur qui les poursuit, les allemands se retirent en désordre : ils ne peuvent engager un combat, recevoir ou donner bataille qu'ils ne soient vaincus. Leurs inexpugnables retranchemens, hérissés de canons, sont emportés aussitôt qu'attaqués. L'armée française gravit de rochers en rochers : pour escalader des glacières, les soldats y creusent des dégrés à coups de sabre : tous grimpent à pic sur des échelles de glace : ils traversent des torrents, franchissent des précipices ! La mort les environne ! Comme rien n'effraye le génie qui les conduit, aucun danger ne les arrête : ils poursuivent l'ennemi avec un acharnement héroïque ! (1)

---

(2) Les obstacles multipliés que la nature offrait de toutes parts à Bonaparte, étaient grands, sans doute; mais qu'étaient – ils à côté de ceux que l'art lui opposait à chaque pas! Il ne fallait que de la patience et de l'audace pour surmonter les uns; le génie seul pouvait vaincre les autres.

Les conquêtes de Bonaparte ne sont point l'effet d'un bonheur momentané; elles sont le résultat de combinaisons savantes fortement conçues, habilement exécutées.

Son imagination féconde en ressources, crée des plans regardés,

(12)

Vous tombez, murs de Mantoue !

Wurmser capitule !

Trieste et Gorice subissent le joug, Rome implore la clémence du vainqueur, Naples est dans la consternation, Ferdinand pour sauver ses royaumes quitte la coalition. Les impériaux sont chassés de l'Italie, le Tyrol est affranchi, Vienne tremble ! L'Allemagne frémit ! Mais l'olivier est offert, les puissances belligérantes l'acceptent. La sanglante Bellone s'arrête, et Minerve lui succède.

Hâtez votre course, trop lente, siècles à venir : redites à l'impartiale postérité les bienfaits de Bonaparte. La France l'aime, l'Europe le respecte, l'Univers l'admire !.... Hélas ! si sa vie durait autant que sa gloire, éternelle comme elle, elle éterniserait le bonheur du monde !

---

par les grands capitaines, comme des chefs-d'œuvres de l'art militaire, et qu'il n'appartient qu'au génie de concevoir.

Bonaparte n'assujetit point ses idées aux froids calculs d'une théorie, souvent trompeuse, qui brille dans le cabinet et s'éclipse sur le champ de bataille. Son infatigable activité prévoit et surmonte les difficultés. Il divise son armée, la rassemble, suivant les circonstances, évite un combat ou livre bataille. Par ses hardis mouvemens, il arrête les progrès de l'ennemi ; par ses habiles manœuvres, il enveloppe des corps nombreux qui croyoient le cerner. Par des marches rapides, il porte son armée là où l'ennemi n'imagine pas qu'il viendra l'attaquer. Il détruit les plans des plus fameux généraux, déconcerte les adversaires que l'Allemagne lui oppose, et paralyse tous les efforts de l'Europe.

De l'Imprimerie du Journal de Midi, quai de la Vallée, N°. 70.

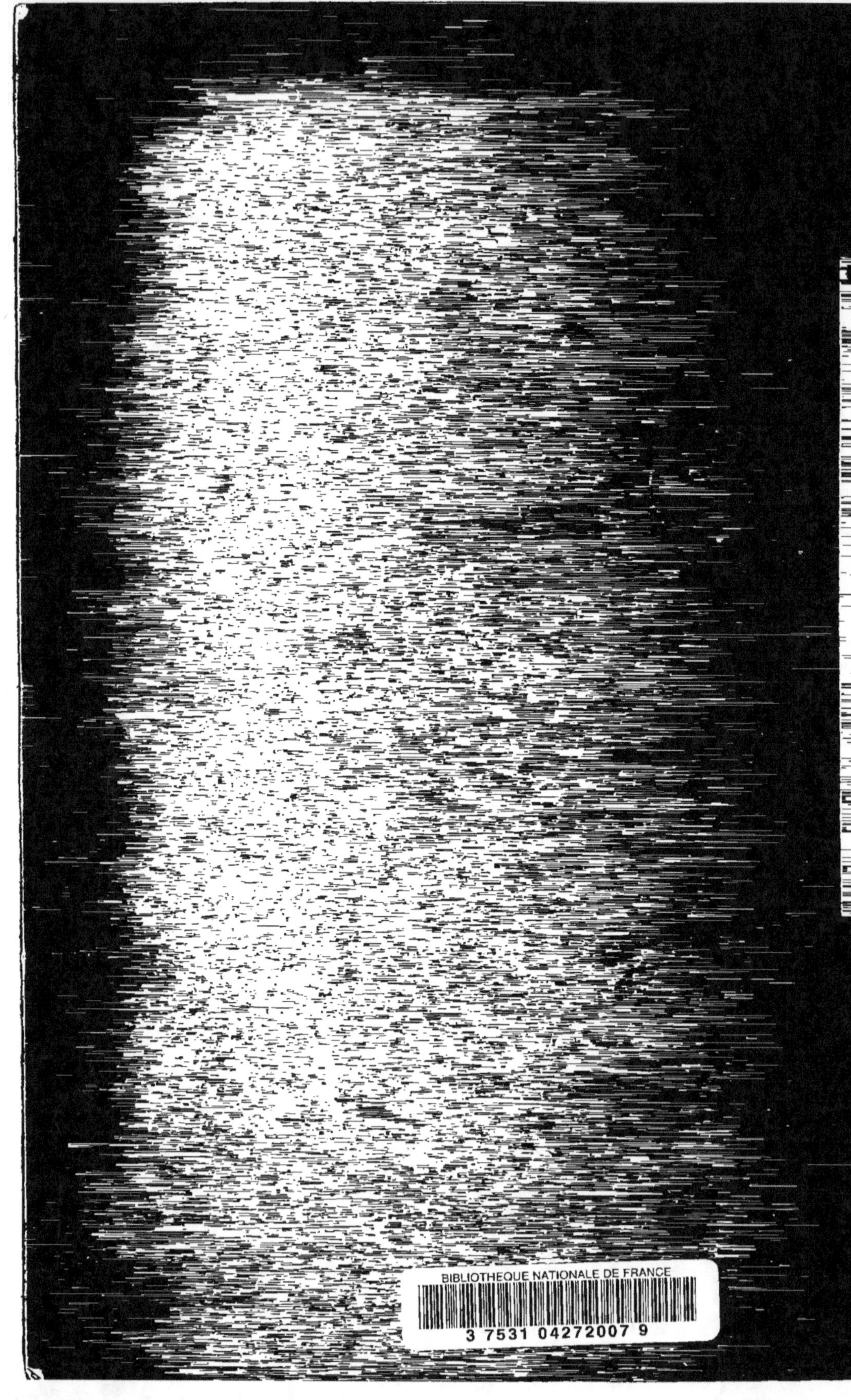